Ernie Carwile

Das Geheimnis d

DAS GEHEIMNIS DER STILLE

Ernie Carwile

Aus dem Englischen von Susanne Lück

SILBERSCHNUR VERLAG

FSC
www.fsc.org
MIX
Papier aus verantwortungsvollen Quellen
FSC® C014138

Titel der Originalausgabe: *»Reclaiming The Power of Silence«*

ISBN: 978-3-89845-386-8

1. Auflage 2013

Übersetzung: Susanne Lück
Gestaltung: XPresentation, Güllesheim; unter Verwendung verschiedener Motive aus: www.fotolia.de
Druck: Finidr, s.r.o. Cesky Tesin

Verlag »Die Silberschnur« GmbH · Steinstr. 1 · 56593 Güllesheim
www.silberschnur.de · E-Mail: info@silberschnur.de

Der ewigen Wesenheit gewidmet,
die in uns allen wohnt.

In der Stille können wir uns selbst wiederfinden. Sobald das geschieht, sind die Möglichkeiten endlos.

Maxwell Winston Stone

Einführung

Die Macht der Stille ...

... das ist mir von allen Themen das liebste – denke ich, wenn ich auch zugeben muss, dass ich beim Schreiben jedes meiner neuen Bücher etwas Ähnliches empfinde.

Diese Überschrift mag fast paradox anmuten – doch das trifft auf viele Dinge zu, die auf den ersten Blick falsch zu sein scheinen, sich dann aber als wahr herausstellen. Auf jeden Fall erscheinen die Begriffe *Macht* und *Stille* so nahe beieinander etwas sonderbar. Wie könnte Stille je Macht ausüben? Dennoch, je mehr Zeit man in der Stille verbringt, desto spürbarer wird ihre gigantische Wirkungskraft. Versuchen Sie es einmal selbst!

Zu behaupten, dass wir in einer Kultur leben, die die Stille nicht sonderlich schätzt, wäre kaum übertrieben – man könnte sogar sagen, wir kultivieren eine Art Furcht davor. Denken Sie nur an Ihren Tagesablauf. Planen Sie täglich ein wenig Zeit für Abgeschiedenheit und Schweigen ein?

Die meisten von uns wachen zum Klang eines Wecktons oder Radioweckers auf. Bei vielen folgt gleich darauf der eingeschaltete Fernseher. Auf dem Weg zur Arbeit plärrt das Autoradio. Im Büro sind wir von einer Kakophonie aus Stimmen, Klingeltönen und Gerätelärm umgeben. Nach der Arbeit tut ein Mosaik aus Kindergeschrei, überfüllten Zügen, Restaurants und wieder Fernseherlärm ein Übriges, um uns zu betäuben. Beim Einschlafen versuchen wir dann, unseren Geist, der 18 Stunden lang einer Reizbombardierung ausgesetzt war, zur Ruhe zu bringen. Der Begriff der *Lärmverschmutzung* gerät mittlerweile öfter in die Schlagzeilen als die Luftverschmutzung. Die Vorstellung der Stille an sich ist also unzweifelhaft etwas Ungewohntes für uns.

Diesen Buchtitel habe ich einmal auf einer Party erwähnt und war sehr erstaunt über die Reaktionen, die kamen. Eine Dame sagte, sie habe Angst vor der Stille, und sie fuhr wortwörtlich fort: »Ich meine, tief in uns könnten ja Dämonen und Monster lauern.« Ein Mann erzählte mir, wenn

es still sei, fühle er sich einsam und habe Angst vor dem, was er hören könnte.
Doch wer schon einmal im Wald oder beim Wandern einem Reh begegnet und wie verzaubert stehen geblieben ist, weiß, dass in diesem Moment, in dem die Zeit stillzustehen scheint, etwas in uns anklingt, das vertraut scheint, obwohl es doch so lange nicht zu hören war. Von nichts als der Stille umringt, werden wir daran erinnert, was uns unser ganzes Leben lang gefehlt hat. Wie konnten wir das nur so leicht vergessen?
Eine kleine Geschichte fällt mir ein von einem Ehepaar mit einer fünfjährigen Tochter, das jahrelang kein zweites Kind bekommen konnte. Nach vier Jahren wurden sie dann doch mit einer neuen Schwangerschaft gesegnet. Sie zogen Fachliteratur zurate, wie sie ihrer Fünfjährigen die Ankunft des Geschwisterchens erleichtern könnten, und fanden vor allem Warnungen davor, wie eifersüchtig und gar gefährlich das Mädchen dem neuen Säugling begegnen könnte. So gerüstet versuchten sie, ihre Tochter in die Vorbereitungen

für das Baby einzubeziehen. Sie ließen sie beim Streichen des Babyzimmers und bei der Auswahl der Einrichtung helfen und kauften mit ihr zusammen Windeln und Tragetücher.
Als die Mutter dann schließlich mit dem Neugeborenen nach Hause kam, lief die ältere Tochter sofort zu ihr und stellte die heikle Frage, ob sie mit ihrer kleinen Schwester allein sein dürfe. Alarmiert vertrösteten die Eltern die Kleine auf später und baten sie um weitere Hilfe. Das Kind war damit zufrieden und half eifrig mit, fragte aber immer wieder, wann sie mit dem Baby allein sein dürfe. Die Eltern vertrösteten sie weiterhin, bis sie schließlich meinten, jetzt könnten sie es versuchen. Bei nicht ganz geschlossener Zimmertür beobachteten sie gespannt, wie ihre Tochter sich dem Babybettchen näherte, sich zu dem Säugling hinunterbeugte und ihm dann zuflüsterte: »Erzähl mir bitte von Gott. Ich vergesse ihn schon.«
Zu viele von uns fliehen heute vor der Stille, als sei sie eine ansteckende Krankheit – oft bis etwas Furchtbares in unser Leben tritt, wie etwa ein To-

desfall oder eine Krankheit. Dann finden wir uns plötzlich in einer Kirche oder im Krankenhaus wieder und fragen uns in die umgebende Stille hinein, was nur schiefgegangen ist.

Was aber ist die spirituelle Stille? Ist sie ein Schweigen, die Abwesenheit von Geräuschen - oder ist sie tatsächlich das Nichts? Kann sie etwas Reales darstellen? Und kann sie, so vielleicht die wichtigste Frage, die Wesenheit von etwas beherbergen, das jenseits unserer fünf Sinne existiert?

Entdecken Sie mit mir, was die Weisesten der Weisen aus vielen Generationen dazu zu sagen haben. Lassen Sie sich daran erinnern, wie wichtig es ist, der Abgeschiedenheit, dem Schweigen und der Stille in unserem Alltag einen festen Platz einzuräumen. Denn nur so können wir uns aufs Wesentliche besinnen und unsere Kräfte aufladen. In seiner frühen Schrift *Die zweite Sünde* schreibt der Psychiater Thomas Szasz: »Menschen können nicht lange ohne Luft, Wasser und Schlaf überleben. Das Nächstwichtige ist die Nahrung. Ihr dicht auf den Fersen folgt die

Stille.« Der nicht minder weise Maxwell Winston Stone erklärt uns: »Manche glauben, dass Menschen den Computern ähnlicher sein sollten: schneller, exakter und 24 Stunden am Tag sieben Tage die Woche verfügbar ... Aber wir sind keine Computer. Wir sind am Leben. Wir sind menschliche Wesen, die die Abgeschiedenheit brauchen, um wieder zu Kräften zu kommen.«

Die Stille lüftet den Schleier
zwischen uns und Gott.

Maxwell Winston Stone

»Weißt du, von Kindern können wir die erstaunlichsten Dinge lernen«, begann Max. Ich lächelte.

»Da war diese Mutter, die den Abwasch machte und dabei ihre kleine Tochter im Garten beim Spielen beobachtete.

Das Kind spielte draußen und tanzte und sang dazu - aber immer wieder hielt es kurz inne und blieb ganz still, bevor es zu seinem Spiel zurückkehrte.

Als die Kleine wieder ins Haus kam, erzählte ihre Mutter ihr, dass sie ihr zugesehen habe, und fragte, warum sie denn beim Spielen immer wieder innegehalten habe.

›Ach‹, antwortete das kleine Mädchen mit größter Selbstverständlichkeit. ›Ich habe nur gelauscht, ob Gott mir vielleicht irgendetwas sagen wollte.‹«

Ja, *Kindermund tut Wahrheit kund.*

Unser denkender Geist macht
nur einen kleinen Teil von uns
selbst aus. In der Stille können
wir eine enorme Bewusstheit
entdecken, die das bloße
Denken bei weitem übertrifft.

Maxwell Winston Stone

Ich schließe meine Augen,
um zu sehen.

Paul Gauguin

Maler (1848 - 1903)

Die Stille lässt uns klarer sehen.
Es ist, als ob wir einen großen Stein in einen Teich werfen: Erst spritzt das Wasser aufgewühlt hoch; viele seiner Teilchen werden so gelöst und versperren uns aufschäumend die Sicht auf den Grund. Was unter der Oberfläche liegt, bleibt verborgen - so ist es auch, wenn unser Geist von Lärm erfüllt ist.
Nur die Stille kann das Wasser beruhigen und es klar werden lassen, bis wir ganz auf den Grund sehen können.
Welche Wahrheiten bleiben verborgen, weil unser Geist zu aufgewühlt ist vom Lärm?
Nur die Stille kann unseren Geist beruhigen und ihn klären, bis wir ganz bis auf den tiefsten Grund sehen. In ihr können wir das Wichtige vom Überflüssigen unterscheiden, die Spreu vom Weizen trennen. Die Stille lässt uns den Rhythmus unseres wahren Lebens entdecken.

Die Stimme in deinem Kopf bist
nicht du – du bist nicht der Denker,
sondern derjenige, der sich des
Denkers bewusst ist.

Eckhart Tolle

---

aus *Stille spricht: Wahres Sein berühren*,
München 2003.

Wir müssen aufhören zu lärmen,
damit wir auf die tiefe Wahrheit
unseres Herzens hören können.

Maxwell Winston Stone

Alle großen Weltreligionen legen großen Wert auf die Bedeutung der Stille.

- Anhänger des Zen- und Hindu-Glaubens wissen, dass der göttliche Friede besser und lauter zu hören ist als jede menschliche Rede.
- In stummer Abgeschiedenheit begann Buddha seinen Weg.
- In der Stille wurde Mohammed zum Propheten Allahs berufen.
- Laotse sagte: »Ich halte an der Stille fest und tue mein Möglichstes, zur Leere zu gelangen. Indem ich zu meinen Wurzeln zurückkehre, finde ich die Stille.«
- Der syrische Prediger Abraham von Nathpar (ca. 600 n. Chr.) sprach folgende Worte: »Das Gebet gelangt nicht durch Worte zur Fülle – denn es ist ja kein Mensch, zu dem ihr betet und vor dem ihr eine eingeübte Rede halten könntet. Nein, Gott ist Schweigen.«

- Im 7. Jahrhundert n. Chr. schrieb der syrische Mystiker Isaak von Ninive: »Wenn du die Wahrheit liebst, dann liebe die Stille. Zu Anfang musst du dich zwingen zu schweigen. Doch dann wird etwas geboren, das dich zu sich zieht - die Stille der Einsicht.«
- In der Bibel heißt es bei Hiob 4,16: »Da stand ein Gebilde vor meinen Augen, doch ich erkannte seine Gestalt nicht; es war eine *Stille,* und ich hörte eine Stimme.«

Wir sehnen uns nach einem
vertrauten, heimatlichen Gefühl.
Aber um es zu finden, schauen wir
nach außen anstatt nach innen.

Maxwell Winston Stone

Max zog die Stirn kraus. Seine Miene ließ erkennen, dass er zu einer neuen Erkenntnis gelangt war. Und tatsächlich räusperte er sich kurz und legte dann los:

»Im Neuen Testament gibt es eine Stelle, die mich immer beschäftigt hat, Ernie; ich glaube im Johannesevangelium. Darin geht es um die Ehebrecherin. Die Pharisäer wollten Christus testen, indem sie ihm diese Frau brachten. Sie erinnerten ihn daran, dass die Frau nach Moses' Gesetz gesteinigt werden müsse, und fragten ihn nach seiner Meinung.

Dieser Teil hat mich immer verblüfft, denn es heißt, nachdem ihm diese bedeutungsschwere Frage gestellt wurde, habe Jesus Christus sich schweigend hinabgebeugt und mit dem Finger in den Sand geschrieben.

Stell dir nur mal die Situation vor, die Frau bangt um ihr Leben, die Spannung ist zum Schneiden – und Jesus bückt sich und schreibt in den Sand. Warum?«

Ich wusste es nicht.

Max nickte und fuhr fort. »Ich habe lange darüber nachgedacht. Aber zumindest meiner Meinung nach hat sich Christus zur Erde gebückt und in den Sand geschrieben, weil er dabei in sich gehen konnte, ungefähr so wie man sich Zeit zum Nachdenken verschafft, während man geistesabwesend auf ein Blatt Papier kritzelt. Dabei horchte er in sich hinein und hörte von Gott die exakte Botschaft, die vermutlich einzige Wortkombination, die die Situation entschärfen konnte. Er richtete sich auf und sagte: ›Wer von euch ohne Sünde ist, der werfe den ersten Stein.‹
Ernie, Christus hat viel darüber gesprochen, wie wichtig es ist, in sich zu gehen und Zwiesprache mit Gott zu halten. Aber ich habe das immer für metaphorisch gehalten.« Max sah mich aufmerksam an. »Doch jetzt erkenne ich, dass es durchaus wörtlich gemeint war, dass wir in uns gehen und dort der unendlichen Weisheit Gottes lauschen können.«
Ich war verblüfft. *Können wir alle diese Quelle, Gott, so selbstverständlich befragen wie Christus?*

In der Stille ist unsere
Intuition am stärksten.

Maxwell Winston Stone

Ein reicher, einflussreicher Investmentbanker aus New York gönnte sich nach langer Zeit eine dringend benötigte Auszeit in einem ruhigen kleinen mexikanischen Küstenort. Als er eines Vormittags entspannt auf das faszinierende Meer hinaussah, sah er einen einsamen Fischer, der von einem offensichtlich erfolgreichen Fang heimkehrte. Als der Mexikaner zwei riesige Thunfische ablud, fragte der Banker den Mann, der etwa in seinem Alter war, wie lang er für den Fang gebraucht habe.

»Nicht sehr lange«, antwortete der Fischer. »Ich weiß ja, wo ich die Fische suchen muss.«

Der Amerikaner wollte wissen, warum er dann nicht länger auf See geblieben war und nicht mehr gefangen hatte.

Darauf erklärte der Fischer bescheiden: »Ich fange nur so viel, dass meine Familie genug zu essen hat.«

Der Banker war erstaunt. »Aber was tun Sie denn mit dem Rest des Tages?«

»Ach, ich schlafe morgens lange aus, bevor ich hinausfahre«, bekam er zur Antwort. »Dann fische ich ein wenig, komme wieder heim, spiele mit meinen Kindern, esse gut, halte mit meiner Frau Siesta. Abends gehe ich dann hinüber zur Plaza, wo ich Cerveza trinke und mit meinen Amigos Gitarre spiele.« Der Fischer lächelte breit: »Ich habe ein wunderschönes, erfülltes Leben.«
Das Gehirn des Bankers arbeitete bereits auf Hochtouren. »Hören Sie, ich kann Ihnen helfen. Ich könnte Sie reich machen!«
Verblüfft fragte der Fischer zurück: »Aber wie denn?«
Der Amerikaner begann sich zu produzieren: »Ich habe einen Harvard-Abschluss, also hören Sie gut zu. Wenn Sie frühmorgens mit dem Fang beginnen, mehr Zeit auf See verbringen und mehr Fische fangen, dann haben Sie bald genug Geld, um eine ganze Flotte Fischerboote zu kaufen ...«
Höflich hörte der Mexikaner dem aufgeregten Banker zu.

»Wenn Sie viele Angestellte einstellen, eine Fischfabrik bauen und die dann wiederum an einen Großkonzern verkaufen, bekommen Sie sogar einen ganzen Haufen Geld.«
Mit einem gutmütigen Zwinkern erwiderte der Fischer: »Ach so, Sie meinen, damit ich dann in einen hübschen kleinen Küstenort ziehen kann, morgens ausschlafen, ein wenig fischen, mit meinen Kindern spielen, gut essen, mit meiner Frau Siesta halten und abends hinüber zur Plaza gehen kann, wo ich Cerveza trinke und mit meinen Amigos Gitarre spiele?«

Die reine Stille enthält uns selbst.
In der Stille liegt das ganze Wesen
unseres wahren Seins.

Maxwell Winston Stone

Die Einsamkeit ermöglicht es uns, in Kontakt mit uns selbst zu treten, eine Notwendigkeit, wenn wir uns selbst finden wollen – nicht um wie ein Papagei ein paar angelernte Formeln zu wiederholen, sondern um zum Propheten Gottes in uns selbst zu werden, der zu jedem in einer einzigartigen Sprache spricht.

Antonin-Gilbert Sertillanges

La Vie Intellectuelle, Paris 1921

Die Kraft unseres Wachstums
hat ihren Quell in dem,
was unhörbar ist.

Maxwell Winston Stone

Max war ungewöhnlich schweigsam.
Etwas schien ihn zu beschäftigen, aber ich hatte gelernt, ihm immer die nötige Zeit zu lassen. Schließlich stellte er den Fernseher aus und setzte sich mir gegenüber. Mit nach unten gerichtetem Blick begann er leise zu sprechen.
»In meiner Jugend habe ich einige Menschen sehr verletzt - einige emotional, andere physisch.«
Ich wartete ab, dass mein Freund sich mir ganz öffnete.
An seiner Gestik konnte ich klar erkennen, dass er mir etwas zutiefst Persönliches und bislang gut Gehütetes mitteilen wollte.
»Vielleicht habe ich sogar jemanden getötet ... Ich bin nicht lange genug geblieben, um es herauszufinden.«
»Wow«, flüsterte ich.
»Es sind ihre Gesichter, die Gesichter der Menschen, denen ich wehgetan habe. Sie verfolgen mich in meinen Träumen«, gestand Max mir.
»Wie kannst du damit leben?«, wollte ich wissen.

»Früher versuchte ich zu fliehen, mich in Alkohol und Drogen zu flüchten - wenn sie nur diese Bilder vertreiben würden.«

Nach einer Pause fuhr er fort: »Aber schließlich musste ich einsehen, dass diese Dinge nicht gut funktionierten. Danach kamen die Gesichter nur noch öfter und schneller zurück. Ich begriff, dass ich mich ihnen stellen und sie um Vergebung bitten musste.«

»Und wie ...«, murmelte ich.

»In der Stille. Das ist der einzige Ort, an dem das möglich war ... Dort habe ich Vergebung gefunden ... und dort habe ich Gott gefunden.«

Danach blieben wir noch lange in Max' Wohnzimmer sitzen, während das Nachmittagslicht sich an den Staubpartikeln brach, die träge durch den Raum tanzten. Ich weiß nicht genau, wie lange wir so saßen, aber als wir aufstanden, schien es uns, als seien wir aus einem Traum erwacht. Und der Nebel lichtete sich mit jedem bewussten Schritt, den wir taten.

Nur wenn wir schweigen, können
wir die richtigen Worte hören,
die wir sprechen müssen, wenn
sie nötig sind.

Maxwell Winston Stone

Von allen Religionen legen die Quäker wohl den größten Wert darauf, der Stille zu lauschen. Howard H. Brinton schreibt 1948 in seiner Schrift *The Quaker Doctrine of Inward Peace*:

»Das Quäkertum glaubt, dass nicht durch die Außenwelt Unruhe entsteht, sondern dass das, was in unserem Innern liegt, die Probleme verursacht. Solange im Innern Chaos herrscht, spiegeln alle äußerlichen Handlungen nur dieses Chaos wider.
Um der Welt Frieden zu bringen, müssen wir den Frieden erst in unserem eigenen Herzen finden. Wie bei einem platten Reifen der Innendruck nicht groß genug ist, um den Außendruck abzufangen, liegt auch für uns der beste Weg immer darin, die innere Dimension zu verstärken.«

Wer kein inneres Leben besitzt,
ist ein Gefangener der Außenwelt.

Maxwell Winston Stone

Durch die Nahrung, die wir
unserem inneren Ich geben,
findet auch das äußere Ich seine
Bedeutung. So wie wir unseren
Körper dreimal täglich füttern,
sollten wir auch unsere
Seele nähren.

Maxwell Winston Stone

Das Getöse wird still

Wenn der Lärm verstummt,
heilt etwas Fantastisches,
Visionen erscheinen,
und Klarheit entsteht.

Wie ein Laserstrahl so scharf
kann der Geist sich sammeln,
viel weiser und bewusster.

Seine Schärfe verblüfft uns,
wenn wir sie nutzen,
aber nicht Gott,
denn Er ist der Schöpfer.

Still zu schweigen,
könnte der Weg sein
zu unbegrenzter Fülle
aus reiner Menschenkunst.

Ernie Carwile

Wenn wir uns ohne Unterlass
äußeren Reizen aussetzen,
hindern wir uns daran,
auf innere Reize zu reagieren.

Maxwell Winston Stone

Sinfonie

Eine Sinfonie erklingt im Innern,
hör nur auf dein Herz.
Eine ganz besondere Musik,
die dort seit Anbeginn tönt.

Hör nicht auf die anderen,
nicht auf Freunde und Familie,
nur du kannst sie hören,
nur du kannst sie spielen.

Jeder hört einen anderen
Rhythmus, nur für sich bestimmt.
Ist es nicht schade,
dass nur so wenige ihm lauschen?

Wir suchen im Äußeren nach dem,
was nur im Innern auf uns wartet.
Verzweifelt suchen wir, doch wir
hören nie auf das, was dort tief in
uns wohnt.

Ernie Carwile

Im Psalm heißt es:
»Seid stille und erkennet,
dass ich Gott bin!«
Nur in der Stille ist Gott
also erreichbar.

Maxwell Winston Stone

Ein jegliches hat seine Zeit,
und alles Vorhaben unter dem
Himmel hat seine Stunde:

Geborenwerden hat seine Zeit,
Sterben hat seine Zeit;

Pflanzen hat seine Zeit, Ausreißen,
was gepflanzt wurde, hat seine Zeit;

Töten hat seine Zeit,
Heilen hat seine Zeit;

Abbrechen hat seine Zeit,
Bauen hat seine Zeit;

Weinen hat seine Zeit,
Lachen hat seine Zeit;

Klagen hat seine Zeit,
Tanzen hat seine Zeit;

Steine wegwerfen hat seine Zeit,
Steine sammeln hat seine Zeit;

Herzen hat seine Zeit,
Aufhören zu herzen hat seine Zeit;

Suchen hat seine Zeit,
Verlieren hat seine Zeit;

Behalten hat seine Zeit,
Wegwerfen hat seine Zeit;

Zerreißen hat seine Zeit,
Zunähen hat seine Zeit;

Schweigen hat seine Zeit,
Reden hat seine Zeit …

Prediger 3, 1–7

Es ist besser, den Mund zu halten
auf die Gefahr hin, dass man dich
für einen Dummkopf hält,
als ihn aufzumachen und jeden
Zweifel zu zerstreuen.

Mark Twain (1835–1910)

»Ich hab eine Geschichte über Mark Twain gehört«, sagte Max, »als er einmal einen Gottesdienst besuchte, bei dem ein Missionar sprach. Obwohl er zunächst ehrlich beeindruckt war, beschrieb er die Messe folgendermaßen:

Die Stimme des Predigers war zweifellos großartig. Er berichtete uns von den armen Eingeborenen und bat so eindringlich um unsere Hilfe, dass ich beschloss, die 50 Cent, die ich spenden wollte, zu verdoppeln.

Er beschrieb das erbärmliche Leid dieser Wilden so bewegend, dass der Spendendollar schon auf fünf Dollar anwuchs.

Er fuhr fort, das Elend zu schildern, und ich wusste, dass ich ihm alles Geld geben würde, das ich bei mir hatte.

Dann sprach er weiter ... und weiter ... und weiter ... und weiter - bis ich die Idee verwarf und wieder zur Fünfdollarspende zurückkehrte.

Immer noch sprach er, und allmählich fiel ich zurück auf vier Dollar, dann auf zwei, dann auf einen. Und immer noch fand er kein Ende.

Als der Spendenbeutel schließlich herumging, nahm ich mir zehn Cent heraus.«

Alles Übel dieser Welt rührt daher, dass niemand mehr ruhig in seinem Zimmer bleiben kann.

Blaise Pascal

(1623–1662), Mathematiker, Physiker und christlicher Philosoph

»Wenn du einen Freund willst, so zähme mich!«, sagte der Fuchs.
»Was muss ich da tun?«, fragte der kleine Prinz.
»Du musst sehr geduldig sein«, antwortete der Fuchs.
»Du setzt dich zuerst ein wenig abseits von mir ins Gras. Ich werde dich so verstohlen, so aus dem Augenwinkel anschauen, und du wirst nichts sagen. Die Sprache ist die Quelle der Missverständnisse. Aber jeden Tag wirst du dich ein bisschen näher setzen können …«

Antoine de Saint-Exupéry

Der kleine Prinz, 1943

Erst wenn du aufhörst,
auf viele zu hören, kannst
du den EINEN hören.

Maxwell Winston Stone

Der heutige Zustand der Welt, das ganze Leben ist krank. Wenn ich Arzt wäre und man mich um Rat fragte, würde ich antworten:

Schafft Schweigen!

Bringt die Menschen zum Schweigen. In der lauten Welt von heute hören wir das Wort Gottes nicht mehr. Schafft Schweigen.

Søren Kierkegaard

(1813-1855)

Calvin Coolidge, der dreißigste Präsident der Vereinigten Staaten, war für seine wenig ausgedehnten Gespräche bekannt und hatte so den Spitznamen »Silent Cal« erworben.
Angeblich sagte eine Dame einmal auf einer Dinnerparty zu ihm: »Mr. President, ich habe mit meinem Mann um fünf Dollar gewettet, dass ich Sie dazu bringen werde, heute Abend drei Worte mit mir zu wechseln.«
Darauflhin habe der Präsident augenzwinkernd erwidert: »Sie verlieren.«

Sobald du allein bist,
bist du bei Gott.

Thomas Merton

Christlicher Mystiker und Eremit
(1915–1968)

Leere erwünscht

Türen knallen.
Sirenen heulen.
Keine Stille nirgends.
Elektrizität summt.

Fernseher plärren.
Menschen schreien.
Die Straßen verstopft.
Autos hupen.

Die Gedanken fliehen,
flehen um Aufmerksamkeit.
Alles in Bewegung,
die Absicht fast vergessen.

Hier stillzustehen –
inmitten all des Lärms:
Darin liegt das Geheimnis
der Evolution,
einer stillen Revolution.

Ernie Carwile

Wir meditieren,
weil die Welt uns nicht erfüllt.

Maxwell Winston Stone

Meditation

»Es ist mein fester Glaube, dass ich nur in der Meditation vollständig erwache. Zu jeder anderen Zeit schlafe ich bloß.«

Maxwell Winston Stone

Viele Leute fragen, wie ich meditiere.
Das ist unglaublich einfach - tatsächlich tun wir es oft ganz spontan und unbewusst. Doch unser Ziel sollte es sein, die Meditation ganz bewusst zu betreiben, denn der Nutzen, den wir aus ihr ziehen, erweckt die besten Anteile unseres Innern zum Leben, die schon viel zu lange verleugnet wurden. Viele vergleichen diese Erfahrung mit einer Art Heimkehr.
Doch zunächst müssen wir mit einem Vorurteil aufräumen, das manche noch immer hegen - einige glauben doch tatsächlich, dass Meditierende wie fortgeschrittene Yogis im Lotossitz in dunklen Höhlen sitzen und Mantras summen, während sie

ein paar Zentimeter über dem Boden schweben. Das ist ganz sicher das seltenste aller Beispiele! Ich persönlich komme gar nicht in den Lotossitz - und ich bin sicher, wenn doch, würde ich meine Gliedmaßen nie wieder daraus entwirren können.
Natürlich gibt es - wie beim Gebet - letztlich die unterschiedlichsten Wege zu meditieren. Eigentlich muss man sich aber nur an ein paar einfache Schritte halten:

1. Sich in eine bequeme Position setzen oder legen (Kopf, Hals und Rücken sollten eine gerade Linie bilden).
2. Die Augen schließen.
3. Tief einatmen (aber nur so tief, dass die Lunge sich fühlbar mit Luft füllt).
4. Sich auf die eigene Atmung konzentrieren (wenn der Verstand sich - unweigerlich - einschaltet, einfach bewusst ans Atmen *denken*).

5. Nach einer Weile abwechselnd aufs Atmen konzentrieren und *lauschen* - auf die Gedanken und Ideen, die sich nun im Geist einstellen.

»Wenn du aber betest, so geh in dein Kämmerlein und schließ die Tür zu und bete zu deinem Vater, der im Verborgenen ist; und dein Vater, der in das Verborgene sieht, wird dir's vergelten.«

Matthäus 6,6

6. Diesen Rat Christi zunächst etwa fünf Minuten lang befolgen, dann können Sie sich allmählich auf bis zu 30 Minuten steigern.
7. Die beste Zeit zur Meditation ist der frühe Morgen - noch vor dem Zähneputzen. Die zweitbeste Zeit: wann immer es passt.

»Wir glauben vielleicht, dass nichts geschieht, während wir meditieren, aber das

stimmt nicht, denn wir erlauben unserem Bewusstsein dann, mit unserer Seele zu sprechen.«

Maxwell Winston Stone

In der Stille zu sein,
ist nicht passiv oder langweilig.
Es ist eine sehr aktive Aufwartung,
die wir Gott machen.

Maxwell Winston Stone

»Ich habe einmal gesehen, wie jemand einen Jungen heilte«, sagte Max.
»Echt?«, fragte ich nach.
»Ja.«
»Wie war das?« Ich war ganz Ohr.
»Na ja«, begann Max, »es war nicht so wie bei einem dieser Fernsehprediger ...« Er kicherte.
Ich wartete.
»Es war ganz sonderbar, fast surreal ... Neben mir krachte ein kleiner Junge auf dem Fahrrad mit voller Wucht in eine Parkuhr. Er flog direkt auf ein geparktes Auto - und so wie das Kind auf das Metall aufschlug, hörte man seinen Hals schon brechen wie einen Hühnerknochen.«
Wie entrückt sah Max in die Ferne, bevor er seine Erzählung wieder aufnahm. »Der Heiler kam dann von der Straße auf den verrenkten kleinen Körper zu und flüsterte ihm etwas ins Ohr. Dann war es, als ob die Zeit stillstünde; absolute Stille trat ein, in der nur noch ein leises elektrisches Sirren zu hören war ... Ich weiß nicht mehr,

wie lange es dauerte, aber schließlich half der Mann dem verschreckten kleinen Jungen sanft auf die Beine und verschwand rasch wieder.«

»Vielleicht war er nicht so schwer verletzt worden, Max.«

»Oh doch! Du hättest das sehen müssen ... Man konnte es von jedem Gesicht dort ablesen. Wir alle wussten, dass sich in der Stille etwas sehr, sehr Seltenes und Kostbares zugetragen hatte ... Deshalb mag ich sie auch so sehr.«

»Was magst du?«, fragte ich nach.

»Die Stille. Die wunderbarsten Dinge ereignen sich in ihr.«

Nur wenn ich schweige, und
ich meine absolut stillschweige,
kann ich den Donner hören,
der Gottes Schweigen ist.

Richard Foster

Max und ich waren wandern. Nicht gerade auf einem von Colorados störrischen 4000-Meter-Bergen, aber es war doch anstrengend genug, dass mein Herz wie eine Bongotrommel schlug. Max schien die Kletterei wenig auszumachen, obwohl er mir gut 25 Jahre voraus hatte.

Aus Höflichkeit hatte er aber angehalten, um mich zu Atem kommen zu lassen. So eine Pause nach dem Bergwandern, in der man die herrliche Rocky-Mountain-Landschaft ganz in sich aufnehmen kann, hat etwas wahrlich Zentrierendes, das einen leicht zur eigenen Mitte finden lässt.

Nach einer Weile brach Max unser Schweigen.

»Ich habe von dem Karmelitermönch Bruder Lorenz gelesen, im 17. Jahrhundert lebte. Er war noch sehr jung und musste daher in der Klosterküche arbeiten. Das fiel ihm schwer, denn er war viel mehr an der spirituellen Seite des Klosterlebens interessiert.«

Max wandte sich um, um sich zu vergewissern, dass ich zuhörte. Wenn er seine Geschichten erzählte, machte ihm meine faszinierte Aufmerksamkeit immer große Freude.

»Da er nun aber in der Klosterküche festsaß, versuchte er, sich Gott mit einer neuen Taktik zu nähern. Er begann, die Gegenwart Gottes direkt während des Kochens und Abwaschens zu üben.«

Max' Augen glänzten. »Es dauerte ein paar Jahre, aber mit der Zeit berichteten immer mehr Menschen, dass sie die Nähe Gottes in der Küche, in der Bruder Lorenz arbeitete, spüren konnten. Manche beschrieben sie sogar als eine Art goldener Aura.«

»Das ist großartig«, gab ich zurück.

Max nickte und richtete den Blick wieder auf die atemberaubende Berglandschaft. »Ich fühle mich Gott allerdings hier oben näher.«

»Ich weiß«, pflichtete ich ihm bei. Der Ausblick war so schön, dass einem fast das Herz in der Brust schmerzte.

Die Gegenwart Gottes üben ..., dachte ich. *Das gefällt mir.*

Als ich beschloss, mein Leben
Gott zu widmen, veränderte ich
mich auf einmal vollkommen –
und meine Seele, die bis zu dieser
Zeit sehr aufgewühlt gewesen
war, verspürte einen tiefen inneren
Frieden, als sei sie in ihrem
Ruheort angekommen.

Bruder Lorenz

(1614-1691)

Das Leben sollte man
von der Mitte aus leben.

Maxwell Winston Stone

Die Stille ermahnt mich, dass ich meine Seele mitnehmen muss.

Maxwell Winston Stone

So sehr ich alle Geschichten von Max mag, diese ist doch meine liebste.

Ein südamerikanischer Stamm wollte auf der Suche nach besserem Trinkwasser und mehr Jagdwild weiterziehen. Nachdem Späher ausgeschickt worden waren, die den besten Ort ausfindig machen sollten, traf man eine Entscheidung.

Auf dem Weg entschied stets der spirituelle Führer des Stammes, wann man eine Rast einlegte und wann man wieder aufbrach. Manchmal rasteten sie nur einen Tag, manchmal gleich drei oder vier Tage.

Ein Mann, der möglichst schnell ans Ziel kommen wollte, sprach den spirituellen Führer schließlich ärgerlich darauf an: »Warum machen wir so oft Rast, und warum bleiben wir manchmal so lange?«

Die Antwort des spirituellen Führers fiel einprägsam aus: »Weil wir warten müssen, *bis unsere Seelen uns einholen*.«

Das Schweigen beinhaltet auch immer den Akt des Zuhörens.
Halten Sie einen Moment inne, und lauschen Sie: Was hören Sie tief in Ihrem Innern?

Schlussbemerkung

Ich muss gestehen, dass mich dieses Buch verändert hat. Es hat mein Verständnis für die Bedeutung der Stille in meinem eigenen Leben vertieft. Die Meditation hat in ihrer ertragreichen Ruhe immer eine große Rolle in meinem Leben gespielt, besonders während der letzten fünf Jahre. Ich praktiziere sie jeden Tag oftmals und an vielen Orten, ganz besonders beim Bergwandern in den grandiosen Rocky Mountains von Colorado. Auch nehme ich mir jeden Tag ein wenig Zeit, um einfach nur zu schweigen und zu lauschen - sowohl auf äußere als auch auf innere Klänge.

Aber erst als ich begann, tatsächlich über die Stille zu *schreiben*, wurde mir ihre einzigartige Macht klar bewusst. Ich wurde mir - vielleicht zum ersten Mal - des Reichtums, der Heiligkeit und des enormen Wertes bewusst, die sie meinem Alltag bringt, und ich wusste, dass ich ohne sie verloren wäre wie ein Boot ohne Ruder auf hoher See.

Erst mit der Recherche zu diesem Thema und dem Schreiben der Worte merkte ich, wie wichtig die Stille ist - und ich erkannte deutlich, dass Gott am ehesten in der Stille zu finden ist.
Aber eine Frage tauchte immer wieder aus meinem Unbewussten auf - zunächst noch vage und nicht ganz greifbar, rätselhaft und reizvoll, doch noch nicht ganz sichtbar. Doch dann bildete sich auf einmal ihr Wortlaut plötzlich kristallklar vor meinem inneren Auge heraus. Und ich erkannte, welche Frage sich mir als die wichtigste von allen stellte: *Kann die Stille tatsächlich Gott selbst sein?*

Wer erzählt eine bessere
Geschichte, als wir alle es könnten?
Die Stille.

Karen Blixen

Schriftstellerin (1885–1962)

Über den Autor

Ernie Carwile wurde in München geboren und ist Absolvent der Universität Missouri sowie der *Iliff School of Theology* in Denver, Colorado.

Als gefeierter Autor und meisterhafter Geschichtenerzähler ist Carwile häufig in den amerikanischen Medien vertreten. Zusammen mit seiner Frau, der bekannten Autorin Mary Catherine Carwile, lebt er in Denver.

Ernie Carwile

Beharrlichkeit

Die Kunst des Scheiterns bis zum Erfolg

104 Seiten, broschiert
ISBN 978-3-89845-268-7
€ [D] 9,90

Wollen Sie das Geheimnis aller wirklich weisen, erfolgreichen und wohlhabenden Menschen erfahren?
Indem sich der Autor auf bekannte Persönlichkeiten aus der Geschichte beruft, webt Ernie Carwile ein Netz, das Sie jedes Mal sicher auffängt, wenn Sie wieder an sich zweifeln oder den Mut verlieren sollten, Ihre Träume in die Tat umzusetzen. Er zeigt anhand von treffenden Zitaten und unterhaltsamen Anekdoten von einflussreichen Denkern sehr anschaulich: Sie alle vertrauten auf eine einzige, simple Tugend, die stets hundertprozentig zum Erfolg führt: Beharrlichkeit...

Dr. phil. Georg Rupp

Befreiung aus dem Hin & Her des Lebens

Lass dein Herz entscheiden

184 S., 2 fbg., broschiert
ISBN 978-3-89845-355-4
€ [D] 14,90

Der Psychologe Dr. Georg Rupp lädt Sie ein, sich auf das Wesentliche zu besinnen, auf das, was wirklich wichtig ist. Angesichts unserer Überflussgesellschaft, in der nichts unmöglich und alles erreichbar ist, hindern uns die scheinbar endlosen Wahlmöglichkeiten oft daran, die richtigen Entscheidungen zu treffen. Lernen auch Sie, sich von der Ohnmacht der Nichtentscheidung zu befreien. Dieser Ratgeber der besonderen Art zeigt, wie Sie das ewige gedankliche Hin und Her abschalten und auf Ihr Herz hören können, wo die Antworten leicht zu finden sind. Der Autor erklärt, wie Sie in sechs einfachen Schritten zur richtigen Entscheidung gelangen. Das gilt für Beruf, Karriere, Familie und Liebe, für das ganze Leben.

160 Seiten, broschiert
ISBN 978-3-89845-375-2
€ [D] 12,95

Kurt Tepperwein

Wege zum inneren Paradies

Seit es den Glauben an das Paradies gibt, gibt es auch die Bestrebungen der Menschen, Einlass darin zu finden und ein wahrhaft paradiesisches Leben zu führen. Dass dies kein Wunschtraum bleiben muss, macht Bestsellerautor Kurt Tepperwein in diesem Buch deutlich. Er beweist, dass das Paradies weder ein Mythos noch ein nebulöser Ort ist, und er zeigt uns neue Wege zum Leben im Glück auf. Einige dieser Wege, wie die Paradiesfindung der großen Weltreligionen, sind seit Jahrtausenden bekannt. Kurt Tepperwein enthüllt diese bewährten Möglichkeiten ebenso wie neue Erkenntnisse. Welchen Pfad wir auch wählen, er wird uns stets in unser Paradies führen, das nur darauf wartet, von uns entdeckt zu werden.

78 Karten, in Box
EAN 4260075280257
€ [D] 8,95

Dick Nijssen

Spirituelle Erkenntnis-Karten

Es gibt keinen Zufall – und demnach hält jede Erkenntniskarte nach dem Gesetz der Synchronizität genau die Botschaft für dich bereit, die im Moment für deinen Bewusstwerdungsprozess wichtig ist.

Diese spirituellen Erkenntniskarten können ein Leitfaden für dich sein! Wenn du noch mit Kompromissen und Einschränkungen lebst, eröffnen dir die Karten eine neue und befreiende Lebensperspektive. Sie sind eine Quelle der Inspiration und des Trostes sowie ein Wegweiser in ein Leben, in dem du endlich deine Wirklichkeit entdecken kannst.

192 Seiten, broschiert
ISBN 978-3-89845-376-9
€ [D] 14,95

Flora Rocha

Nintan – mein Meister der Herzensweisheit

Flora Rocha wurde durch ihren Geistführer Nintan in der Philosophie der Herzensweisheit unterrichtet und in den Grundlagen ausgebildet, die zur Bewusstseinsentwicklung am Übergang in diefünfte Dimension entscheidend sind. Anders als bei bislang bekannten Meistern ist Nintan Teil des Lebens von Flora Rocha geworden, ein Freund, der sie stets auf ihrem Weg begleitet. Nintan zeigt auch uns, wie wir uns auf die Prinzipien der inneren Weisheit zurückbesinnen und das größte Geheimnis des Universums wiederentdecken können. Ein erfrischendes und einfühlsames Buch, das uns mit seiner direkten Sprache einen ersten, aber wichtigen Schritt zur Herzensweisheit erlaubt.

192 S., 2-fg, Klappenbr.
ISBN 978-3-89845-335-6
€ [D] 14,90

Chris Prentiss

Das 9x9 der Lebensweisheiten

Kostbare Geheimnisse für ein glückliches Leben

Chris Prentiss, international bekannter Autor vieler Bücher, hat fast 40 Jahre lang überall auf der Welt nach den Geheimnissen geforscht, die Menschen wahren Erfolg, Wohlstand und anhaltendes Glück bescheren. Dabei hat er einen Weg entdeckt, der zu den wunderbaren Gaben geführt hat, nach denen wir uns alle sehnen: wahre Freundschaft, Frieden, Glück, liebevolle Beziehungen zu Menschen, insbesondere zu unseren Kindern, sowie ein einträglicher Beruf. Die 81 Geheimnisse in diesem Buch werden auch Sie frei machen, beschützen und Ihnen Glück bringen.